창비시선 101

고 은 詩集

내일의 노래

창비

차　례

제 1 부

제 2 부

제 3 부

제 4 부

제 5 부

제 1 부

낯선 곳

떠나라
낯선 곳으로

아메리카가 아니라
인도네시아가 아니라
그대 하루하루의 반복으로부터

단 한번도 용서할 수 없는 습관으로부터
그대 떠나라

아기가 만들어낸 말의 새로움으로
할머니를 알루빠라고 하는 새로움으로
그리하여
할머니조차
새로움이 되는 곳
그 낯선 곳으로

떠나라
그대 온갖 추억과 사전을 버리고
빈주먹조차 버리고

떠나라
떠나는 것이야말로
그대의 재생을 뛰어넘어
최초의 탄생이다 떠나라

수 평 선

서해 난바다
여기에도 사람이 살고 있다
어청도 둑 머리 위
꽃대궁 하나 없이
그렇게도 끝없는 바다가 꽃이었다

저 외딴집 아낙
부엌에서 밥하다 반찬 차리다
문득 나와
머리 쓸어올리다가
서해 수평선 가뭇가뭇 바라본다

수평선 넘어오는
배 서너 척 보이는데
저 배다!
저 배다!
영락없이 저 배다!

이렇게 남편이 탄 배인지 아닌지 안다

금방 목소리 달라진다
상섭아
상섭아
용섭아
용순아
니 아부지 돌아오신다

그 힘찬 목소리

오 늘

눈이 펄펄 내리며
우리는 살아 있다
여기저기
가야 할 길 흩어지며
우리는 살아 있다

지난날 서로 주고받던 말 한마디
오늘따라 얼마나 새로운가
천년일지라도
천년일지라도
그것은 끝내 오늘 아닌가

눈이 펄펄 내리며
우리는 살아 있다
어디선가
전혀 새로운 북소리 들려온다
우리는 살아 있다

이제 다시 일어서서 가자
무거운 짐 꾸짖고
신들메 고쳐 매고
붉어진 얼굴 서로 새로워라
아직 우리는 무덤으로 갈 수 없다

우리가 일렁이며 가야 할 곳은
저 북소리 들리는 곳 아닌가
눈이 펄펄 내리며
우리는 살아 있다
우리는 살아 있다

다시 오늘

어제를 반성하기보다
오늘을 반성해야 할 때가 있다
어제는 죽음일 따름
아 짐승들은 자유롭구나
반성 없는 그들의 하루하루와 함께
우리는
오늘을 반성해야 할 때가 있다

오늘 나는 무엇인가
나는 짐승보다도 못하구나
반성이 없는 것과
반성이 있는 것 사이
그 질곡의 배회에 맴도는
나는 무엇인가

벌써 아침해의 찬란한 빛은 낡아
얼어붙은 것을 다 녹이지 못하고

다시 얼기 시작하는 저녁이
저쪽에서 다가온다

그러나 나는 이런 오늘을 때려죽이리라
나는 무엇인가
내가 몽둥이이기 전에
내가 벼락이기 전에
내일을 잉태한 몸으로
꽝 꽝 언 땅을 걸어간다
찬 별빛이 나로 하여금 반짝반짝 빛난다

아 그동안 오늘이 너무 컸다

백도라지꽃

한두 뿌리 백도라지꽃아 꽃아
너에게 무엇을 물어보겠느냐
하늘은 너무 푸르러
새 한 마리도 보이지 않는다

이 무능으로부터 옛이야기 아기장수 나오리라

어느 날의 노래

어느 날 나는 알았다
내 슬픔 따위
그것은
이 시대에 정신이 없다는 것이다
내가 참을 수 없는 것은
언제나 다른 것이
새로운 이념을 낳는다는 것이다

실로 오랜만에 정신이라는 유구한 허구에
거기 쥐도 새도 모르게 사로잡히고 싶다
아이들이 멀리 보낸 연처럼
떠오른 그 정신의 고립

거기에서 바람에 곤두박질치고 싶다

밤 마당

마을 아이들 시끌덤벙하던 마당
이웃마을 아이들까지 와서
어느새 개들도 짖지 않고
제법 꼬리깨나 내두르고
저만큼 쫓겨난 씨암탉과 중병아리까지
시끌시끌덤벙하던 마을
어디가 어디라고 그 어디라고
헛기침 따위 어른이 낄 노릇인가
땅뺏기 제기차기 가위바위보
그것으로도 모자랐던지
가위바위보에 샘까지
이겼다가 졌다가 끝간 데 몰라
여기 어디에 아이들 걱정 사서 하는가
물 묻은 행주치마 엄마 넘나들겠는가
정녕 이 시끌덤벙 좋아라 좋아
이 세상에 저 세상 하나 없어라
여기 어디에 내일 모레 따위 와 있겠는가

이 아이들 열 스물 있어
그것으로도 삼천리 강산 가득하여라
그러다가 하늘에 거지별 일찍 빛나고
저녁 으스름 낀 나머지
서로 얼굴 알아보기 어려울 무렵
하나 둘 제 집으로 돌아가고
아 아이들에게 이름 있음이여
일룡아 삼룡아 구룡아 만섭아
비로소 어둠 속에서 이름 있음이여
그들 뒤에 중병아리들 닭장 홰에
훌쩍 올라가 부족함도 무릅쓰고
이따금 제 몸을 맛깔스레 쪼아본다
텅 빈 마당 그 시끌덤벙 어디 갔는고
저만치 그리 높지도 않은 산 위에는
아주 느긋하게시리 거지별 다음으로
다른 별들이 올라가 여기 있다고 하고
거기서 알겨먹을 별빛 천천히 내려온다

어디 이 세상에 저 세상 없으리요
밤새도록 바람 재워 이슬 따위 내리며
저 세상이 이 세상에 와서 놀다 간다
새벽 장닭이 소리쳐 울면
이어서 이 집 저 집에서도 운다
소경이야 이 때가 천리를 바라보는 때
마을 아이들 아직 잠자리 이불 차내며
제 아버지의 속까지 닮아 잠꾸러기로 자란다

권 유

어떤 세월을 지난 우리인가
진실로 간절한 바
몇 마디 정다운 말로도
반생애의 가난을 이겨냈다
그런 몇 마디 주고받는 사이
아 그랬던가
아 그랬던가
그러는 사이
벌써 밤조차 덧없이
별은 그 자리에 있지 않고
저쪽에서 낯설게 빛나고 있다

우리는 그 별과 헤어진 것인가
하지만 우리가 더 이상
그 별과 함께 가지 않는 것
여기서 단호하라
얼마든지 우리에게 다른 곳이 있고

다른 곳이 아름답고
그리하여
사람들이 그곳에 갈 수 있다는 것
그것만으로
얼마나 물이 잘 흐르겠는가

여기에서 우리는 우리의 감동과
이 세상의 아름다움이 얽혀드는 현기증을 지나서
조개껍질 속의 조갯살처럼
아주 은밀한 행복의 어둠에 머물기로 했다

그러나 사람들이여
어쩔 수 없이 별의 이동과 함께 가라
다른 곳의 아름다움 속으로
다른 곳의 낯선 말이
한동안 지나면
그 말도 우리 말인 그곳으로

거기에 그대들 자손의 고향을 만들어라
비록 바윗덩어리 밀어내는 어려움일지라도
그 바위 밀어낸
새로운 검은 흙바닥
거기에 그대들 조상의 집을 지어라

아 집 지을 때의 못 박는 소리 메아리칠 때!

나무의 앞

보아라 사람의 뒷모습
신이 있다면
이 세상에서
저것이 신의 모습인가

나무 한 그루에도
저렇게 앞과 뒤 있다
반드시 햇빛 때문이 아니라
반드시 남쪽과 북쪽 때문이 아니라
그 앞모습으로 나무를 만나고
그 뒷모습으로 헤어져
나무 한 그루 그리워하노라면

말 한마디 못하는 나무일지라도
사랑한다는 말 들으면
바람에 잎새 더 흔들어대고
내년의 잎새

더욱 눈부시게 푸르러라
그리하여 이 세상의 여름 다하여
아무도 당해낼 수 없는 단풍
사람과 사람 사이
어떤 절교로도
아무도 끊어버릴 수 없는 단풍
거기 있어라

가거도 아낙

왜 사람으로 태어나
잊을 수 없는 곳이 없겠는가
이 세상에 그곳이 있다

지난 여름
서해 가거도 그곳 바닷바람에
옷 찢겨지는데
그 바람에 강한 우물사스레나무
가느다란 줄기
제 키만큼 길게 박은 뿌리 내려
바람에 버티는 순비기나무

이와 함께 지아비 바다에 주어버리고
일찍부터
지아비 제삿날 하나 정하여
어린 자식들하고 살아가는 아낙의 말소리

아무리 바람쳐도
그 바람 속을 건너가
어느덧 자란 열다섯살짜리 자식의 낙배
성큼 불러들인다
물결마루 위
저것이 죽은 그 사람인가
아들인가 모르며

다른 나라를 위하여

여보게 우리는 너무 우리 얘기만 했네
70년대 무교동 낙지집
청진동 생맥주집
80년대 마포 삼겹살
강남의 어느 골목 밤 이슥하도록
우리는 우리 얘기만 했네
때로는 적의를 품고
때로는 적의 다음으로 경멸을 품고
우리 얘기만 했네

그렇지 그렇구말구
어찌 우리에게 우리 얘기 말고
어디
어디
다른 얘기 할 겨를이 있겠나
아직도 우리는
우리의 뼈아픈 얘기를 해야 했네

그러나 여보게
우리는 너무 우리 얘기만 했네
다른 나라
다른 사람들의
그 엄청난 시련 아랑곳하지 않고
1백년 동안
우리는 우리 시련만을 얘기했네

여보게 우리와 어느 나라 견주어보면
우리는 아무것도 아니었네
여보게 우리 얘기와 함께
이제 우리는
다른 나라를 위해서
다른 사람들의 시련을 위해서
자주 고개 돌려야겠네

왜 우리가 그들과 머나먼 각각이겠는가

폭염 이후

긴 장마에 마음 썩어
마음속 벌레 썩어
어쩔거나 세계는 퇴폐로 가득하구나

이토록
그 어디에도 새로운 기쁨 없을 때
쨍!
섭씨 35도 이상의 불볕더위
그것이 찾아왔다
이제까지의 체제가 무너졌다
신들이 다 도망치고
새로운 아메바들이 그늘에 모여들었다

어쩔거나 아무런 노력 없이도
땀을 뻘뻘 흘리고 있다
위대한 것이라고는
하나도 없이

이 때였다

이 때였다
8월 20일 무렵 오후 4시부터 5시 사이
이 때였다
최고의 풍경 그것
하얀 햇빛 아래
아무도 꿈꾼 적 없는 명징이여
심지어 전주들의 잿빛까지
지붕의 낡은 주황색까지
저쪽의 슬레이트 회색까지도
햇빛에 표백되어
온통 하얗게 빛나고 있다

그 어리석은 장마 이후의 녹색조차
그 어리석음 빠져나가고
온 세상이 하얗게 드러난다

이 때였다
최고의 풍경 그것
아이들의 웃음조차 필요 없다
모든 교회들아
네 종을 죽여라
모든 은행들아
네 문을 닫아라
최고의 풍경 그것

우리 나라 화가들이여
왜 이 8월 하순의 세계를 모르는가
왜 이 때를 버리고
구라파의 후기인상파로만
중국의 신남화로만 헤매고 있는가

우리 나라 3천년 전의 신들이여
만약 지금도 그대들이 있다면

8월 햇빛
이것이 그대들이다
마음껏 웅성거린 벙어리
최고의 풍경 그것

나는 8월 1일 태어났다 그리하여 8월 31일 죽으리라

바람 부는 날

바람 부는 날 죽는 것이
가장 큰 반역이다
바람 불어
온 나라 깃발 가득한데
누구나
누구나 깃발 되어 가득한데
이런 날 죽어가다니
일어나라
일어나라
일어나라
쓰러진 말 너도 일어나라

이 세상에서 가장 찬란한 것
이것이다

바람 부는 날

동네 가게에서

안성으로 가지 않고
평택으로 가지 않고
15분쯤 잰걸음으로 가
동네 가게에서 우유 한 곽을 샀다
섭섭해서
소주 두 병도 샀다
알레그로 안단테

짧은 해 훌쩍 넘어가면
소주가 나를 알아보고
내가 소주를 알아본다
원수라면
이런 원수 어디 있는가
그것이 애정이라면
이런 애정 어디 있겠는가

멀리 가지 않고

내가 잠깐 사이 다른 사람이 될 수 있는
이 한 잔 두 잔의 취기

그럴수록 이성이 정서보다 빛난다
끝까지 받고 있는
산꼭대기의 낙조
그 취기

제 2 부

제주도 천리향

제주도 제주시내 천리향 아래 가까이 가서
아유 향기 좋아라
하고 비바리들 코 벌름거리며 좋아하면
그 다음날
천리향 향기 더 내뿜어
전라남도 완도까지 건너간다
몇십년 뒤
그 비바리 중 하나
나이 지긋이
거기 찾아가면
옛 향기 내뿜어
전라남도 완도까지
추자도까지 건너간 향기 돌아온다
아유 향기 좋아라
이런 말 없어도

바다 깊은 것 이제 알겠다

아 리 랑

1937년 어느날 연해주 고려사람들
당장 화물차에 실려
시베리아 철도에 실려
바이칼 호수 끼고
열흘이고 보름이고 가다가
5천여 명 하나하나 죽어서
그 송장 내버리며 가다가
이게 어디란 말인가
알마아타 황야에 이르러
너희들 까레스끼 여기서 살아라
하고 다 내버리고
빈 화물차 떠나버렸다

멀리 남쪽으로 천산산맥 하얀 눈 쌓였다
앞과 뒤 맨땅 풀밭
여기에 움막 짓고 솥단지 걸어
죽어가며 살기 시작했다

그런 세월 모진 60년 지나
2세 3세
어린이 김 나딸리아
박 일리이치
그 가운데 아나똘리 강
나이 열한살
발랄라이까 잘 뜯어

거기다가 아리랑 악보 주었더니
한번 훑어보고
아리랑 아리랑 아라리요
그 곡을 뜯어 노래하는데

놀라워라 그 아이의 노래
이제까지 이런 슬픔 없었다
눈에 눈물 고여

이제까지 이런 슬픔 없었다

처음 부르는 아리랑인데
그 노래 가운데
조상 대대의 온갖 슬픔 다 들어
그것과 동떨어질 수 없는
이 어린아이의 눈물이여

이것이 피인가 노래인가 무엇인가
아리랑 아리랑 아라리요

공　　룡

20세기는 얼굴로부터
사람의 얼굴로부터 시작했다
그렇게도 무시무시한 시대였으나
우리는
뒷골목 여자의 얼굴까지도
사람의 얼굴로 삼아왔다
제국주의
반제국주의
전쟁과 혁명
그리고 파쇼
그리고 학살과 착취
이런 시대였으나
그럴수록 사람의 얼굴이 있었다
그 20세기가 가고 있다

앞으로는 지난 세기와 다르리라
다시 공룡의 시대가 오리라

벌써부터 아이들은 공룡을 그리기 시작했다

이제까지의 사람의 얼굴은
어디로 가는가

사람의 오류야말로
사람의 멸망 바로 그것과 안팎인가
오 21세기의 화가들이여

내　　일

괴로운 날은 오직 내일만이 푸르른 명예였다
그것이 나에게 남아 있는 힘일진대
손 흔들어
저물어가는 날을 속속들이 보내야 했다
그 무엇이 참다웠던가
이것이라고
저것이라고
또 저것이라고
지난날
수많은 밤이 쏘아올린 별빛 아래
사랑하는 일도 미움도
내 아버지의 나라도
오늘뿐이라면
차라리 빈 잔 그대로 두어 권하지 말라

내일! 이 얼마나 빛나는 이름이냐
오 남루의 운명

아무리 눈부신 육체와 독재가 하나일지라도
그것이 오늘이라면
이미 저 건너 바람 속으로
한 어린아이처럼
어떤 환영 인사도 없이 혼자 빗발쳐 오리라
내일!

불　　만

불만！ 얼마나 힘찬 것이냐
누구에게나
있어야 할 불만이
있는 불만보다 많아야 한다
한밤중 전등불빛의 직사광선으로 비추어보면
거기에 있는 나 자신에 대한 불만！
쓰다 만 글
아직 읽지 않은 책
죽어 있는 시계
이것들이야말로 나의 힘이다
창 밖으로
38국도의 밤길 내달리는 차들이 보인다
그것들까지
나의 불만이다
얼마나 힘찬 것이냐

어느 젊은 시인에게

젊은 시인이야말로 태양에 가장 가까운 존재이다
그러나 너는 쏘마를 삼켰느냐
왜 그렇게 슬픔이 없느냐
왜 그렇게 순결한 절망이 없느냐
그것은 폐허의 시대 50년대에만 있는 게 아니다
그것만으로 모든 가치였던 그 시대가 지난 뒤
이제 그것은 너의 첫걸음이 아니냐
그 시대는 그것이 머저리의 전부였으나
이제 그것은 첫걸음이다

불안 오뇌 그리고 고통조차 달더라
이런 것이 얼마나 너의 시를 펄펄 뛰게 하는지
이런 것이 얼마나 너의 삶을
피잉!
쏘아버린 화살처럼 날쌔게 하는지
왜 모르느냐
때로는 이런 것이 없으면

네 웅장한 내일을 기대할 수 없음을
왜 모르느냐

폭포의 위력보다
폭포에 뛰어오르는 작은 고기를 보라
아니 1만 킬로 상공의 구름
그 구름의 무의지에까지
그 우연의 시간까지
치솟아오르는 지상의 비극
거기서 출발하라
아니 솔개처럼 급강하하라

태양 아래 네가 할 일은 이것부터
흐린 날
태양이 가려지더라도
네가 할 일은 이것부터

젊은 시인아 나는 네 발 밑에 있다
네가 디딘 땅이야말로
지나간 세월의 시인들이고 거기에 나도 있다
이제 네 시를 써라
어제의 시가 아니라
내일의 시가 아니라
네 시를 써라

돈암동 니나노

돈암동 니나노집 그녀들 세 사람
오월이 유월이 구월이
까르르르 삼월이 사월이는
작년에 떠났다지
하나는 죽고 하나는 어디로 떠났다지
일자 무소식 온데간데없다지
나이 마흔다섯 마흔두서넛
이제 무얼 어쩌겠다는 건가
앞가슴 내려앉아버려
나바론에 건포도라
무얼 어쩌겠다는 건가
한밑천 잡아 무엇 하나 차리지 못하고
아직껏 이렇게 술상머리 나와
무얼 어쩌겠다는 건가
지난날 새파랗던 시절
어느 누구한테
그런 시절 없었던가

꿈 같은 시절
팔뚝에 마음심자 하나 새겨
혹은 일편단심 새겨
인생이라는 것에 사랑이 있노라고
아무에게나 참다운 웃음을 내주지 않았다
그저 몸 주어도
마음 하나는 꼭 남겨두었다
이제 무얼 어쩌겠다는 건가
그래도 이런 잽싼 시대에도
불쌍한 사내새끼 있어
그런 사내 안아주어
내 고향 수수밭으로 삼아보았지
아무리 막된 시대에도
시시콜콜한 사내새끼 있어
지저분한 사내새끼 있어
어찌 그것이 한숨이요 타향이랴
한밤중 술 깨고 나면
이내 가슴속 쑤꾹쑤꾹 쑤꾹새 소리

죽은 깃발

바람이 자자 깃발이 죽었다
이 죽음을
죽음이라고 말하는 자 누구냐
어리석어라
어리석어라
해 지면
그 어둠을 죽음이라고 말하는 자
그 누구냐
늙은 병사가 저벅저벅 떠난 뒤
새로 온 병사들의 낯선 소리
산너머 적이 먼저 안다
이 죽음을
죽음이라고 말하는 자 누구냐
어리석어라

바람이 분다
깃발이 살아난다

바람 껴안고 나아가거라
정작 이 때부터 강해질 터
너의 세상이 살아난다

한번 너의 깃발로 대기를 후려쳐라
그리고 나아가거라
바람이 분다
바람이 분다
너의 깃발 푸드득 찢어지며

사과 한 알

한 달이고 두 달이고 서너 달이고
사과 한 알을 그려본 적이 있다
그는

그 사과 썩어버려
말라버려
사관지 뭔지 모를 때까지
그것을 그려본 적이 있다

그래서 그 그림들은 끝내
사과가 아니었다
사과그림이 아니었다

끝내 그 그림들은 쭈그러진 것
아무 쓸모 없는 것
그것이었다

그러나 그는
그가 살아 있는 세상을 알 만한 힘이 생겼다
그가 그릴 수 없는
어떤 부분이 있다는 것도 알 만한 힘이 생겼다

그는 붓을 탁! 던져버렸다
그가 그린 그림들을 마구 밟아버릴
어둠이 오고 있다

그는 붓을 다시 들어
그 어둠에 대고 마구 그리기 시작했다
이미 사과 한 알은 없으나
사과로부터
사과가 아닌 상태까지의 그림이 있다

한　　산

오늘은 한산시 한두 편 읽었다
한산 그놈 제법이다
제 이름도 버리고
제가 오르내리는 산
한산으로 이름을 삼았다
제법이다

그러나 그놈은 신선이 아니다
구름 따위
바람 따위 노래하건만
그놈은 일찍이 별의별 잡놈이었다
계집에도 푹 빠져
헤어날 줄 몰랐다
다른 것에도 빠졌다

그러다가 그것 박차고 떠나
허위허위 한산에 이르렀다

그가 마조 도일의 선풍을 받았으나
그것도 박차고 떠나
거지 중의 상거지의 선풍을 날렸다
그놈 제법이다
그놈의 상좌라는 게
그놈의 스승이라는 게
산을 가린 안개인가 뭔가

그놈 제법이다

물 바라보며

오늘 일체의 지식을 놓았다
맨숭
물 바라보며
그것이 물인지도 모르게
물 바라보며

하늘에서는 유리중장엄지인가
나에게는 물이건만
물인 줄 모르다가
겨우 물이건만
아귀에게는 피고름인가
고기와 용왕폐하에게는
제 집 제 궁궐 마당인가

툼벙
내 뒤에서
어린이가 돌 던져

너에게는 돌 던지는 곳
그러나 나에게는
오직 물인지도 모르게
물이구나

저 건너 산이 산인지도 모르게

이 무지와 이 지혜 어디가 틀리는가
모르겠다
모르겠다

에스페란토어

요셉 스딸린은 에스페란토어를 배우는 사람까지
그의 적으로 삼았다 다 죽여버렸다
이런 참극도 모르고
나는 스무살 무렵
전쟁이 지나간 뒤
에스페란토어를 배우다 말고 떠돌았다

세계의 언어 가운데
에스페란토어만큼 외로운 것이 어디 있는가
이제 그것은 누가 죽이지 않아도
스스로 죽어가고 있다

unu. du. tri, Kvar. Kvir. Ses
하나 둘 셋 세어가며 죽어가고 있다
sep, ok, naū, dek
이렇게 스스로 죽어가고 있다

그것을 배우다 만 나도 죽어가고 있다

제 3 부

처　음
제삿날 밤
갈대밭에서
순정의 노래
말 한마디
두 사람
어머니
광　주
새벽 종소리
별
길
캥거루
배 한 척
이완용의 무덤

처 음

어떤 새 새끼는 알 깨고 나와
처음 본 것을 어미로 안다
그것이 백로가 아니라
까마귀일지라도
제 어미가 아닐지라도

그 처음의 착각이야말로 어머니인가 너에게도 나에게도

제삿날 밤

세살 때 죽은 아버지
기억도 없는데
자라나서
아버지의 모습 그대로 빼다박은 듯
변성기 지나
말소리도 빼다박은 듯
가을걷이 한창일 때
어디에도 게으름뱅이 없다
그런 부지런도 빼다박은 듯
아버지 제삿날 밤 처마 밑 등불 멀리까지 빛난다

갈대밭에서

서포 갈대밭에서
그 갈대바람 속에서
나는 갈대가 아니다
나는 갈대가 아니다라고 소리쳐도
아무도 들어주지 않는 갈대바람 속에서
오래된 해골바가지를 밟았다
40년 전 그때 죽어
오늘 나의 유일한 동지인가
나는 갈대가 아니라고 소리치면
그것이 듣고 있다

나는 그것을 부여안았다가 던졌다

순정의 노래

항구에서 순정을 찾지 말라고
아 현란한 네온사인
취한 밤거리에서
이 치매야 치매야
순정을 찾지 말라고

최루탄 지랄탄의 세월
화염병 날아가며 불붙은 세월
순정을 찾지 말라고
대낮에도
신새벽 삐라 깔린 빈 거리에서도

찬 바람의 공단 부근
그것이 구원이었다
검은 연기 매연 따위 멀리 날려버리는
찬 바람이 구원이었다

그 거리 포장마차 안에서
소주 두 병째
술주정이 구원이었다
이런 판에 순정을 찾지 말라고

순정이라니 개에게나 던져주어라

하지만 아름다웠던 이데올로기 이전과 이후
우리에게는 모두 그 시절이 있다
지치고 지쳐버렸건만
아직 일어날 힘 쌓여
그런 오늘이 있다
오늘 다음
내일이 있다
이제까지의 얼굴이 아닌 다른 얼굴의 내일

순정이 거기에 가 있다 얼마나 기쁨이냐

그것이야말로
우리 아니냐
항구에서
거리에서
순정을 찾지 말라고
그렇게 외쳐대어도
그럴 때에도 엉거주춤거리며 남아 있던 순정
그것이야말로
우리 아니냐

말 한마디

이웃마을 구문리 병식이할아버지
그가 남긴 마지막 말

약 사러 갔다온 손자 병식이
어린 병식이
숨차서
이제 돌아왔어를
이제 돌아갔어라 했다

그랬더니 돌아갔어가 아니라
돌아왔어가 맞다

이 말 한마디 고쳐주고
병식이할아버지 이내 돌아갔다
사온 약 그대로 두고

삼일장 치르고 삼우제 뒤

병식이할아버지 새 무덤 가에서
사람들은 건을 쓴 채
이것이라고
저것이라고
만사 태평으로 잘도 말하고 있다

무덤 저쪽 깊은 물에 잔물결 인다
어디선가 어린아이 투레질한다
어디선가
새소리가 새 간 뒤 남아 있다

두 사람

고리끼의 어린 시절
외할머니 따라
주일마다 다니던 교회에서
그의 목소리 빛났다
한 또래 샬리아핀이
아 나도 고리끼처럼
성가를 잘 부를 수 있다면! 하고
얼마나 부러워했던가

샬리아핀은 시를 잘 써서
고리끼가
아 나도 샬리아핀처럼
시를 잘 쓸 수 있다면! 하고
얼마나 부러워했던가

그 뒤 고향 떠나 20년이 흘러갔다

한 사람은 세계 최대의 작가가 되고
한 사람은 세계 최대의 음악가가 되었다
1933년 만주 하얼삔에서
샬리아핀의 레퍼토리 2백여 곡
그는 반주와 함께 울기 시작한다
그 피아니시모 울음바다

뉴욕 메트로폴리탄 오페라하우스
그 방음벽은 대형트럭 지나가는 소리도 막히는데
오직 두 소리는 그 벽을 뚫고 밖으로 들린다
샬리아핀과 카루소

고리끼 단편소설 「두 친구」가 있다
그와 샬리아핀 이야기이다
운명은 그들을 서로 다른 것을 이루게 했고
그들을 서로 다른 길로 갈라놓았다
하지만 1백년 뒤 그들은 하나가 되어간다
누가 고리끼인지 샬리아핀인지

어 머 니

어느 아주머니 혼자 가며
둘인 듯
도란도란 말소리
혹은 어느 소설 읽다가
그 소설 속
버림받은 여자의 울음소리
때때로 이런 것이 사람의 어머니 아니리요
고대 인도아리안 마야부인만이
성모마리아만이
어찌 어머니리요
또한 해 진 뒤 어둑발 다 더듬어도
돌아올 자식 없이도
어찌 어머니 아니리요

광　　주

광주항쟁 10년이 지나갔다
그동안 우리는
광주 속에서 살아왔다
그러다가 우리는
광주를 떠나
그것을 전혀 모르는 곳
광주 밖에서
아무리 광주를 노래해도
아무리 광주를 강조해도
그것을 거부하는 곳
광주 밖에서
이 시대가 무엇인가를 알았다
소주병 맥주병을 마구 던져
거리에는 유리조각이 빛나고 있다
우리는 이 시대가
무엇으로 이루어진 것인가를 겨우 알았다

새벽 종소리

새벽인가
새벽이라고
종소리 들려오는가
나는 벌떡 일어났다

나는 저 종소리를
무엇으로 듣고 있는가
나에게 두 손 모두어 기도하라 하는가
나에게 지난 20년 동안
지난 30년 동안
그것들을 뉘우치라 하는가
아니다

저 종소리는 경고하고 있다
그렇게도 엄숙한 진리들을
삭은 울바자인 양 걷어차버린 뒤
이때다 하고

무작정 탐욕만이 퇴폐만이
쓰라려본 적 없는 가슴을 채워
한밤중을 지켜온 사상 따위
그따위
쓰레기통에 넣어버린 시대
이것을 분노를 억눌러 경고하고 있다

이로부터 또 하나의 야만의 시대가 온다
사람이 사람일 수 없는 시대가 온다
괴물의 시대
첨단의 시대
기술의 시대
그것이 온다

저 종소리는 경고하고 있다
지금 어떤 것도 값이 없음을
일찍이 그랬던 것보다 더

정의와 사랑 평화 따위
이따위
이런 것들이 장난이 되어버리는 시대가 온다

이제 산맥처럼 웅장한 것이
인도양처럼
무한한 것이
그 모습을 보이지 않고
그 엄청난 파도기둥이었던
폭풍의 날들이 가버린 시대가 온다
저 종소리는 이것을 경고한다

시인들아 그대들뿐이다
다시 한번 일어나라
죽음과 멸망의 시대 넘어
생명의 시대
빛살 터지는

그 사람의 시대를 향하여 일어나 앞장서라

저 종소리는 이것을 경고한다 들어라

별

어떤 상상으로도 감당할 수 없는 현실 때문에
우리 고려사람들은
몇천년 동안
온갖 수고를 견디어오는 동안
별 하나 제대로 우러러볼 겨를이 없었다
참담했다
그러나 산홍아 홍도야
네가 꼭 찾아낼 별이 있다
그 별이
너를 열렬하게 기다리고 있다

한여름밤 저것은 오리온
저것은 사자좌
저것은 전갈
그리하여 저 북극성

그러나 저것들이 아니다

저것들은 이미 찾아낸 것
저것이 아니다
저것이 아니다
네가 찾아내야 할 별이 있다
밤은 풍부하다

산홍아 눈 떠라 꼭 찾으리라
네 전지전능 이전의 별이 있다

길

길이 없다!
여기서부터 희망이다
숨막히며
여기서부터 희망이다
길이 없으면
길을 만들며 간다
여기서부터 역사이다
역사란 과거가 아니라
미래로부터
미래의 험악으로부터
내가 가는 현재 전체와
그 뒤의 미지까지
그 뒤의 어둠까지이다
어둠이란
빛의 결핍일 뿐
여기서부터 희망이다
길이 없다

그리하여
길을 만들며 간다
길이 있다
길이 있다
수많은 내일이
완벽하게 오고 있는 길이 있다

캥 거 루

호주땅 점령한 영국인들이
원주민더러
저 껑충거리는 짐승이 뭐냐고 물었더니
원주민 말로
모른다 했다
모른다는 말 캥거루

그것이 이름이 되어버렸다

아 아는 것보다 모르는 것의 거룩함이여

배 한 척

내 마음속 수평선
거기에 그대 두어
언제까지나
그대와 나 사이 배가 떠난다

결코 돌아오지 않는 배가 떠난다
돌아오지 않는
돌아오지 않는

이완용의 무덤

전라북도 익산군 낭산면 야산에 가면
거기 이완용의 무덤 있다
하도 그 사람 무덤 파헤쳐버리려 하자
여기 저기 가묘 써
그 가운데 익산군 진묘 있다

그러다가 그곳이 명당이라 해서
이제는 다른 사람의 무덤을 썼다
이완용 무덤 어디로 갔나
어디로 갔나

과연 이완용 그대 아직도
우리 원수의 표본인가
이완용보다 더한 사람들
칠천만 동포 가운데
백분의 일이나 될 터

제 4 부

백성민자

곽말약의 글을 읽다가

백성민자 하나
눈목자에
화살이 박힌 것
그래서 제왕이
백성의 눈 못뜨게
화살 꽂아
소경 만들어
천년만년 다스리는 바
그것이 백성민자
그러나 이제
그 백성민자의
박힌 화살 뽑아
소경 눈떠
심청이아비 심봉사
번쩍 눈뜨듯
번쩍 눈떠

이 세상을
이 세상의 이치
똑바로 아는 바
여기 새 백성민자

가 자

우리는 가지 않으면 죽는다
가자
우리를 홍야항야 에워싼 것으로부터

우리는 가지 않으면 죽는다
두더지가 되어서라도
가자
우리를 아스라이 세우지 않는 것으로부터
가자

칼날에 빛나는 빛으로
피 흘리며
꽃 지며
비바람 그 위의 푸른 하늘로 솟아오르며

권정생의 종소리

여기는 안동 두메산골이 아니라
오히려
오히려
서해 태안반도 건너
오도 가도 못하는
서해 난바다 격렬비열도

온통 파도소리뿐
그러므로 귀 먹먹해지더니 멍멍해지더니
여기까지 밤 지새워
안동 두메산골
권정생의 새벽 종소리가
여기까지 밤 지새워 들려온다

온갖 이 나라 소음을 넘어 파도소리 넘어

화엄사 각황전 앞에서

담 넘어
아가씨 방 들어가듯
훌쩍 뛰어넘어
거기 화엄사 각황전이라
또 한번 담 넘어
훌쩍 뛰어넘어
거기 각황전 앞
백모란꽃 피어나
1천만 장님들 눈떠 떠나가는데

오늘 새벽 이 꿈 깬 뒤
지리산 노고단 쪽
그 아래쪽을 바라보았다
먼동 터
그 어디에도 각황전 따위 없었다
아직 일러 강남 제비도 없었다

아무래도 나는 꿈 편인가
나는 현실 편인가

이것으로 여생을 채우리라

때로는 이런 생각

사람은 자연 가운데서 가장 약했다
사자는커녕
방울새만도 못했다
지렁이만도 못했다
그 바지런
그 게으름에도 미치지 못했다

그래서 자연을 떠나기 시작했는가
그 끕끕수 가운데
더 끕끕수 받기 전에

하지만 비극은 사람의 시작이다
네 나라 맨해튼을 보아라
빠리가 아니라
빠리의 하수도를 보아라
마지막으로
동쪽나라 서울을 보아라

여기는 사람의 끝이다
비극 뒤에
더 이상 비극이 없다

나의 약력

때때로 나는 꿈꾼다
인도양 위 펠리컨새 멀리 날아간 뒤
나는 꿈꾼다
내 고향에서 아버지가 그랬던 것처럼
햇빛이 해가 진 뒤 사라져버린 어둠 속에서
나는 꿈꾼다
꿈꾸다가 깨어나
윙윙 바람에 우는 전선처럼 살아 있다

이제까지 나는 꿈조차 물리쳤다
꿈속에서도
꿈을 물리치려고 바둥거렸다

이럴 바에야
어떤 공상이나
한 시대를 주름잡는 어떤 상상조차도
나는 물리쳤다

있는 것은 오직 있는 것 그것

나는 보았다
밤바다의 인광 불빛이 번쩍거리는 것을
나는 보았다
파도의 하얀 이빨조차
어둠 속에 묻힐 때
가까스로 번쩍거리는 것을

있는 것은 오직 있는 것 그것
간난아이와 어머니 사이처럼
그렇게도 하나인 인광 불빛으로
번쩍거리다 숨어버리는 것을
나는 보았다

이제 나는 꿈을 받아들인다
있는 것 그것뿐 아니라

나는 꿈꾼다
어제는
오늘이 아니라
오늘은
내일이 아니라
다만 나는 내일을 꿈꾼다

오 대지는 체험의 무덤이다

소가 웃는다

이용악 선생님
선생님 살아계실 때
소가 웃는 걸 보셨나요?
저희 동네 하마정마을
농사꾼 이득환 집
검정소 한 마리
이 녀석이 자꾸 웃었지요
저도 함께 웃었지요
웃음은 구경거리 아닌지라
함께 실컷 웃었지요
사람과 사람 사이보다
짐승과 사람 사이가
훨씬 좋았지요
그러다가 문득
선생님 생각이 났습니다
이용악 선생님
이 세상 얼마나 웃고 가셨나요

혼자 서서

어머니 바람이 붑니다

이 땅에 바람이 붑니다
이 땅에 바람이 붑니다
어머니가 낳은 자식
헌 옷자락과 머리카락을 날리고
이 땅의 마른 풀이 날립니다

어머니 바람이 붑니다

무엇하려고 바람은 또 불어서
어머니의 자식 지지리 못나게시리
어머니를 부르게 합니까

어머니 바람이 붑니다
어머니 바람이 붑니다 어머니

너와 나

20년 혹은 30년
이 세월을
0.7평짜리 감방에서 보내는 양심범이 있다면
그런 늙어버린 양심범 몇백명이 있다면
우리는 무엇인가
우리는 무엇인가 도대체

함부로 술 생각 따위 내지 말라
우리는 무엇인가

저 흑두루미떼

일본 규슈지방 남쪽 가고시마 어디쯤에서
시베리아까지
시베리아 아무르강 기슭까지
곧장 날아가는
저 흑두루미떼의 힘은 무엇인가

봄이 오면 시속 90킬로로
전속으로는 1백 킬로로
바다 위
뭍 위 건너
곧장 날아가는
저 흑두루미떼의 힘은 무엇인가

제 식구끼리
제 식구끼리 사돈끼리
1백 마리
혹은 1백50마리

한 편대 이루어
정어리 먹고 힘 쌓아두었다가
실컷 자고 나서
이윽고 한 마리가
후두둑 활개쳐 올라
그 일행 올라
가을에는 남으로
봄에는 북으로
아무르강으로

그렇게도 집착 없이 지내다가
혹은 죽고
혹은 태어나고
몇천킬로를 곧장 날아가는
저 흑두루미떼의 힘은 무엇인가

나의 딸

나의 딸 차령이는
아직 분단이라는 말을 모릅니다
휴전선이라는 말을 모릅니다

오 나의 딸의 시대여 비로소 조국이여

금 성

이천오백년 전 한 사람이
새벽녘 샛별 보고
크게 깨쳐
이 세상을 밝혔다
어찌 샛별 금성의 큰 공덕이 아닐쏜가

독일사람들은 사랑의 여신 프라이라 부른다
이에 앞서 로마사람은 비너스라 불렀다
그리하여 금성의 날
금요일이 프라이데이인가

우리는 샛별이다
샛별이 등대란다고 노래하는 샛별이다
아침에는 태양보다 먼저 나타나고
저녁에는 태양보다 나중에 사라진다

언제나 태양과 똑같은 거리를 유지하여

어느 별보다 지구 가까이 있다
그리하여 우리는 어린 시절부터
샛별의 저녁을 맞이한다

우리가 가난할 때는 샛별도 거지별이었다

달이 가장 강력한 힘을 발휘할 때가
정작 달이 지구에서
가장 멀어졌을 때이다
달이 기울면 가까워져 힘이 약하다
이런 달이 뜰 때
달에게 모든 영광 돌려주고
이런 달이 뜨지 않을 때
그때 샛별은 일찍 나타나
우리들의 고향 하늘이었다

샛별 금성은 처음부터 현실이었다

아버지의 머리에 인 것
어머니의 발등에 내려온 것
우리들의 현실이었다
아니 아버지 쪽이나 어머니 쪽이나
다 가까운 친척이었다
샛별 금성

머리 바꿔

옛날 당나라에 온 역승 구나바드라가
중국어에 능통하기 위하여
꿈속에 나타난 신인에게 청하여
서로 머리를 바꿔
다음날부터 구나바드라는
황하유역 중국어가 잘도 흘러나왔다
무엇을 하고자 하건대
이런 꿈이 있어야 한다
아니 무엇을 하지 않을 때에도
우리는 서로 머리를 바꿀 필요가 있다
네 문수보살의 머리와
내 만황씨 머리와
서로 바꿔

옛날의 그믐달

짐이 야윌 때
세상은 살쪘다
짐이 살찔 때
세상은 야위었다
언제나
그믐달을 바라보았다

제 5 부

서산 할머니

충남 서산군 서산읍 지나
거기 어느 마을 할머니
일흔살에
나이 더 잡수어
막내손자 업고 나갔다 들어와
함께 늙어가는 며느리더러
아나 네 새끼 받아라
나 인제 갈란다

갈란다의 긴 소리 갈란다아아아아

그리고 나서 방에 들어가
조금 누웠다가
그 길로 열반에 드시오니

오 여래여거라
여기 만백성 절하라

원효 따위
태고 보조 따위 말고
여기 절하라
일체의 슬픔 쫓아버리고

서산땅 느려터진 말이여
눈감은 할머니의 생애
여기 절하라
여기 향 사르옵고
절하라

제주 협재굴의 어둠

이 오묘한 동굴을 발견하기 전
그때까지
몇천년 동안 거기에 차 있던 어둠
그 몇천년 동안의 어둠

그것도 모르고 제주 협재 햇빛은 하얗게 퍼부어내려
햇빛이여 너 너무나 어린아이였구나

촛불 앞에서

우리는 오늘 뭔가를 놓쳐버리고 있지 않은가
꼭 찾아야 할 것을
엉겁결에 열차는 떠나버리고
꼭 이루어야 할 것을
저 하늘 높이 휘날릴 깃발
결코 헛될 수 없게
꼭 이루어
내일의 푸른 들녘 가득히 피어날 꽃을 앞두고
우리는 오늘 뭔가를 몽땅 놓쳐버리고 있지 않은가

밤마다 여기저기 모여
자꾸 주사위만 던지면서
꼭 만나야 할 것을
그냥 보내고 말지 않았는가
차가운 밤거리 지나가던
지난날 통금시대 안마장이 소경의 피리소리
그것마저 보내고 난 숨막히는 정적

우리는 한때 거기에 활을 쏜 적이 있다

그러나 너무나 오래 외치던 소리들도 사라지고
바람만 떼굴떼굴 구을러와
삐라조각 비닐조각 신문지조각
이것이 자유였던가
우리는 오늘 뭔가를 놓쳐버리고 있지 않은가

역사라는 말 또는 마지막이라는 말
그렇게도 많이 썼건만
언제나 처음이었다
그런데도 우리는 할 일을 다했던가
뼈아픈 먼 산맥들이여
우리들의 사랑
우리들의 황야 그것을 위해 싸웠던 세월
그것들을 위해 더 이상 무엇이었던가

한 자루 촛불 앞에서
우리는 결코 회한에 잠기지도 않거니와
우리는 결코 기원하지도 않는다
다만 우리는 오늘과 오늘 이전
그 누누한 시간 뭔가를 놓쳐버리고 있지 않은가
촛농이 흘러내리자
한층 더 밝아진 촛불 앞에서
우리는 무엇인가
우리는 무엇인가

최금자 여사

민통선 명파마을 최금자 여사는
실례하건대
그 몸뻬 엉덩이 절구통 항렬입니다
이 삼엄한 휴전선에 들어와
소금 없을 때
50리 길 바닷물 떠다가
김칫거리 숨 죽이고
이렇게 저렇게 살림살이 터전 닦아
오늘에 이르니
거기 논마지기마다 볏섬이 늘어나
낯선 사람 찾아오면
닭 잡아 한상 차려냅니다
지아비도 자식도
이 여장부 최여사한테는 함께 손아래입니다
하늘조차 내려와
이 최여사한테는 손아래입니다

서승에게

그대의 세월이 세월다웠구려
어디 이 땅의 세월이
그냥 케케묵은 세월이던가
아 그대의 얼굴이 얼굴답구려
어디 이땅의 얼굴이
그냥 지지리 못난 얼굴이던가

추석 이후

아버지 감사합니다
우리 나라의 가을 없이
어찌 내가 있겠습니까
가을날 산과 들 제 모습 드러내고
흐르는 것 졸래졸래
온갖 탐욕 다 내버리고 있습니다
어디에 이만한 종교가 있겠습니까
이만한 사상이 있겠습니까
아버지 감사합니다
훨훨 나는 철새들에게도
다 내 고향인 이 가을입니다

아버지 감사합니다
모듬모듬 마을마다 붉은 고추 널고
그것을 일러 태양초라 합니다
마을로 들어서는 길
곡식 널어

어디 그 길로
함부로 걸어갈 수 있겠습니까
오미자 익고
풋콩 청국장 띄워
저녁 냉갈 자욱이 끼어오를 때
여기에 아들이고자 딸이고자
아버지 감사합니다
그러나 자꾸 사라져가는 마을
여기에 한사코 남아 있는 아름다움이여
들밥 인심 항상 넉넉하고
집집마다 싸운 뒤로도
서로 술과 국수 나눠먹는 정
정이 법보다 높은 곳
아버지 감사합니다
우리 나라의 가을 없이
어찌 내가 있겠습니까
내 자식이 있겠습니까

한 고백

오랫동안 이백에 빠져 있음에도
남몰래 백거이에 마음을 주고 주고
어이없이 그랬습니다
이제는 이백으로부터
백거이에게 옮겨와
남몰래 이백에 마음을 줍니다
세월이 담기면 갈보도 갈보가 아니겠지요
봄 늦어 꽃도 늦어버리고
나는 밥 먹고 백거이의 시를 읽어갑니다

호족 무희여 호선녀 무희여
마음은 현금줄을 따르고
손은 북소리 따르고
그 현금과 북소리 한번에
두 소매 오르고
휘날리는 눈처럼 얽힌 쑥처럼
좌로 돌고 우로 돌아 지칠 줄 몰라라

여기가 좋아서요
여기가 좋아서요
누구하고 함께 읽고 싶어서
고개 들어 내다보니
어느새 제비가 돌아와
하늘 속을 춤추고 있네요

제비 무희여 제비 무희여
마음은 하늘을 따르고
날개는 바람 따라
이 하늘과 바람 한 자락 감겨
그대 한쌍 자취 없어라
지는 꽃처럼 피어나는 잎처럼
여기 있다 하면
저기 떠 있고
먼 데 아지랑이 아니라도 어지러워라

이런 흉내 내다가 부끄러웠습니다
흉내라니 흉내라니
그거야 죽어갈 때

다른 사람이 그랬듯이
나도 한번 이 세상을 사랑하는 일
꼭 한번 그것이어야지요
시인 몇십년 새삼 부끄러웠습니다

장항에서

충남 금강 끄트머리 장항
그 비린내로 찌든 곳
거기 늙은 갈매기 떴다
날개 찢어졌거나
깃털 빠졌거나
다 닳아버렸거나
이런 늙은 갈매기 아래
금강 탁류 영구하다
부디부디 여기에
사람의 그 무엇 보태지 말라

비유 따위를 의심한 지 오래이므로

장 터 목

지리산 천왕봉 밑
한참 내려가면
거기 전라도 구례사람
경상도 산청사람
허위단심 올라와
서로 물건 바꾸던 장터목 있다
서로 제 고장 소식 전하던 장터목 있다

이렇게 좋았던 것을
우리 나라 사람
이렇게 좋았던 것을

거기서 내려다보는 네 고장 내 고장
이렇게 좋았던 것을

울 릉 도

울릉도가 여기 있사옵니다
여기 있사옵니다
오랫동안 그리운 것도 없는 빈 몸
여기저기 미친년으로 떠돌다가
울릉도가 여기 있사옵니다
쌓인 눈 녹고 명의나물 돋아
울릉도가 여기 있사옵니다

다시 백년

3천년 전 별이 자주 떨어질 때
3천5백년 전 별이 그렇게 아름다울 때
인도땅에는 유물론자들이 나타났다
신의 땅에서 신들의 나라에서
신을 섬기는 자는
도둑만도 못하다 했다
어린애만도 못하다 했다
고대 중국 진한시대의 왕충은
그의 논형에서
원기를 천지만물의 물질이 낳는다 했다
그는 공자 맹자도
언행일치 없이
헛소리에 빠졌다 했다
또한 장형은 도참을 허망하다 했다
그리하여 천체 운행을
담대하게 입증했다
남북조시대 환권은 신멸론을 써서

불교의 윤회설을 몰아쳤다
어느 학승이 나타나도
그의 항변을 이기지 못하게 말에 불이 났다
이런 이념들은 그 뒤로도
당송대 명청대에 이르기까지 이어져
이를테면 이탁오도
이런 육촌 팔촌은 되었다
그런데 이런 맥이 흐지부지 된 이래
맑스 백년이 지나갔다
다시 백년이 시작되어
동과 서 어느 사람이든
사람인 바 백년을 내다보고 있다
그저 함부로 뭣이 죽었다
그 뭣이 이겼다
이런 소리 삼가고 있다

어느 날의 공자

공자 왈
일찍이 계집을 좋아하는 것처럼
공부 좋아하는 놈 본 적 없다 했을 때
나는 계집이라든가
공부라든가
그런 것보다
그 말을 내뱉은 어느 날의 공자
그 밥상 까다로운 공자
그 공자보다
그 공자를 둘러싼 제자들
그 제자들보다
일찍 세상 떠나
스승을 슬프게 했던 제자보다
그 세상
그 뒤숭숭히 어지러운 세상
그 전국시대의 땅이 다 떠올랐다

여기까지가 공자의 덕택이고
그 다음은 숫제 아무것도 없어야 한다
그 다음은 공자가
참새만도 못해

우리 나라 음유시인

지금 나는 음유시인을 잉태하고 있습니다
내 둥근 배를 만져보십시오
어린 음유시인이 놀고 있지 않습니까
얼마 있으면
이놈이 나옵니다
우리 나라가 온전한 나라로 되면
이놈이 나와서
우리 나라 삼천리 방방곡곡을 다니면서
이 땅을 노래로 시로 울려줍니다
내 둥근 배를 만져보십시오
벌써부터 뱃속에서 노래하고 있지 않습니까
나는 이놈이 나와
우리 나라를 다닐 때면
나의 시를 그만두겠습니다
그동안 가랑잎 하나도 날리지 못했습니다
이런 참회 이상으로
내 예감은 빛나고 있습니다

그놈이 다니면서 부르는 노래와
때로는 영롱하게
때로는 쉰 목청으로
낭,송하는 시의 가락이 들리고 있습니다
내일은 오늘입니다 오늘입니다

무덤에 관한 추억

젊은 날 나는 얼마나 무덤에 사로잡혔던가
황등 공동묘지 육백팔십개
제주 사라봉 공동묘지
거기서는 밤길 가다 쓰러져
아무 무덤 가에서나 자기 일쑤였지
이런 일이 소문나
나더러 사라봉 귀신이라 했지

누군가가 죽어 새 무덤 생긴 날
얼마나 좋은 날이었던가
마침내 그대도 여기 왔구나
잘 왔구나
여기만한 곳이 어디 있겠느뇨 하고
얼마나 좋은 날이었던가

그런 날이 지나서
나는 술에 담뿍 취했지

술 취해서
그 무덤 지나다가 쓰러져 자다가
새벽 지네한테 물려
1주일 동안 볼 한쪽에
호박 한 덩어리 달고 다녔지
마구 부어올라 쑤셔댔었지

아니 내가 사미승일 때
통영 미래사 가는 길
그 공동묘지에서 한나절 보내느라
스님 심부름 까먹고 있었지
스님한테 혼났지

몇십년 두둥실 지나
이제 짐승들에게 무덤 없는 것
겨우 알 수 있게 되었지
짐승이 사람보다 낫구나

짐승이 하느님보다 낫구나
무덤 따위 남기지 않는 한
짐승이 나보다 몇 배 낫구나

이것 하나 알기 위해서
그토록 무덤을 사랑했던가 울고불고 했던가

태백산정

우리보다 먼저 있었고
우리 자손보다 나중까지 있을 사람만이
여기에 올라설 권리가 있겠느냐
하잘것없는 목숨
하루살이 목숨
그것으로도 여기 올라서서
처음으로 이 나라 온전한 산줄기들을 바라보아라
저기 저 죽은 나무
살아서 천년
죽어 3천년
저 아래 죽은 나무도 바라보아라
이 나라의 삶과 죽음 아니냐

휴　식

말 달렸던 세월 갔다고 끝나지 않는다
다시 말 달릴 세월이 왔다
하루 벌어
하루 먹고 쉬어라
그대 곁에 철쭉꽃도 피어나리라
한숨은 슬픔이 아니다
한숨 내쉬며 쉴 때
때마침 하늘 속 솔개도 뚝 멈춰 쉬고 있다

진짜배기 휴식일진대 그것은 정신의 절정일 것

그날이 오늘이라면

남북합의서의 날에

그날이 오늘이라면
얼마나 기뻐 파도치겠는가
너와 나 엉겨
얼마나 기뻐 울음바다이겠는가

꽃 같은 이 강산 너무 슬펐다
쇠울짱 첩첩으로 가로막혀
그 무엇 때문에
그렇게도 미움과 반역의 세월이었던가

오 가슴팍 너른너른
이제 그날이 다가오는가
수많은 피와 눈물 헛되지 않았다고
온 세상에 새겨야 할 그날이 오는가

그리하여 아직 우리에게는
하나의 감격이 남아 있다

함부로 써버릴 수 없는 것 그것
그 감격의 날이 남아 있다

이제 우리는 더 달려가야 한다
몇천년의 조상
몇만년의 자손과 함께
저 통일의 오늘이여 거기까지

▒ 跋 文

束手無策의 사나이

宋　基　淑

'束手無策'. 『만인보』를 받아보고 엽서에 써보낸 소리였다. 그냥 법담 가락의 흉내가 아니었다. 『만인보』의 감동이 그의 인간에 대한 기왕의 공감과 겹치며 느낀 심사가 도무지 '속수무책'이었다. 애초에 고은을 겨뤄볼 대상으로 삼아서가 아니라 그의 초인적 능력과 초인적 정열과 초인적 분방과 초인적 성취에 어지럼증이 느껴질 지경이어서 속수무책이었다.

나는 항상 고은을 멀찍이 건너다보거나 쳐다보고만 있다. 여기 있는가 하면 저기서 웃고 있고, 덩달아 웃고 나면 한참 저기서 목청을 높이고 있다. 폭포처럼 쏟아지는 말에 고개를 끄덕이고 나면 이미 다른 말이 불을 뿜고 있다. 곁에서 그의 말을 듣고 있으면 정신이 없다. 말이 급하고 바쁠 때는 토막말로 징검다리만 놓으며 성큼성큼 건너뛰고, 거기다 술이라도 마셨을 때는 숫제 옆구리에 끼고 훨훨 날아간다. 고담준론일 때도 그렇지만, 가벼운 이야기일 때는 더한다. 그럴 때 나는 눈하고 귀는 물론이고

입이며 콧구멍까지 다 열어서 내맡겨놓고 그냥 손 개얹고 앉아 있을 뿐이다.

어느날 모처럼 한가하게 누워서 천정무늬를 세고 있는데 『만인보』가 왔다. 우선 세 권이라는 분량에 놀라며, 누운 채 만인보, 만인보 뇌면서 한 장 한 장 넘겨보았다. 책장을 넘기는 사이 그대로 빠져들고 말았다. 얼마간 읽다가 2권 3권의 차례를 보았다.

"이 작자 정말 지독한 작자구만."

「할아버지」「머슴 대길이」「애꾸 양반」「또 섭섭이」, 제 1 권을 읽어가며 나는 그냥 웃기도 하고 소리내어 웃기도 하였다. 그러다가 서문을 읽어보고 다시 또 시를 읽었다. 감동이 조금 평정되자 나는 맥이 빠지고 말았다. 그의 시 앞에 소설이 무색해져 버린 것 같아서였다. 머슴 이야기, 애꾸 양반 이야기를 이렇게 시로 써놓으니 소설이란 건 도대체 군더더기 같았다. 인생의 알맹이를 이토록 짤막하게 드러낼 수 있는데, 소설은 괜히 미주알고주알 엿가락처럼 길게 늘여놓고 있는 것 같았다. 이 작자가 이제 소설까지 완전히 짓뭉개고 있구나 하고 처음에는 은근히 심술이 끓어오르기도 했으나 한 편 한 편 읽어가는 사이 나는 그 엄청난 상상력과 천의무봉의 표현에 새삼스레 망연자실해질 뿐이었다.

> 부엌에 든 도둑/밥 둔 것 허천나게 먹어치우고/한 무더기 똥 푸짐하게 싸놓고/그러고 나서/윗방 장롱 뒤져/금비녀 한 개/옥양목 바지저고리 한 벌/단속곳 두어 벌 털어갔다//다음날 아침 도둑맞은 길섭이 어머니/부엌문 활짝 열고/똥 치며 욕을 퍼붓는데//아

이고 별 밴댕이 속 같은 도둑놈 같으니라고／세상에 단속곳까지 가져가는 도둑놈도 있네／아이고 좀스러운 놈 더러운 놈 같으니라고／아이고 사내자식이라고 불알 차고／하는 짓이／남의 집 단속곳이나 가져가는 놈 같으니라고／퉤 퉤 (「단속곳 도둑놈」 전문, 『만인보』 9, 96면)

도대체 고은은 상상력도 엄청나지만 시적 식성은 더 무지막지하다. 소는 풀만 먹고 호랑이와 독수리는 짐승만 먹고 불가사리도 쇠붙이만 먹는데, 그는 풀이고 짐승이고 쇠붙이고 돌멩이고 통나무고 가리지 않고, 뛰어다니고 날아다니며 닥치는 대로 먹어치운다. 그 잡식성으로 걸터듬은 먹이가 그의 역사적 상상력의 용광로에 들어가면 금반지도 되어 나오고 비단도 되어 나오고 화살도 화염병도 되어 나온다. 강가에 뒹구는 조약돌이나 장독대에 구르는 낙엽이야 말할 것이 없고, 길바닥에 동전이라도 하나 떨어졌다 하면 그 임자와 돈의 내력을 좇아 그의 상상력은 구멍가게로 공장으로 임투현장으로 천방지축 앵앵 순식간에 이 땅 구석구석을 종횡으로 몇 바퀴 돌 터이다. '하잘 것 없는 만남 하나도 역사적 불가결성'(『만인보』 1 서문)으로 파악하고 있는 그라 그런 진한 소화액으로 지저분한 단속곳 도둑놈한테도, 어느 시대의 실상을 드러내는 엄정한 역사적 공공성의 속도장을 찍어가고 있는 것이다.

조선 중기／불법이 산중으로 가 웅숭그리는 시절／조계산 송광사에／한 방장이 승풍을 진작하고／도를 떨친다는 말 듣고／북방으로부터 어느 운수승이 찾아왔것다／송광사 아래부터／강이 내가 되는／냇물 따라 올라가는데／그 냇물에 배춧잎사귀 하나 떠내려온다／운수 납자 그것을 보고／에잇 헛걸음했도다／이렇게 시주 물건／대중 물건 아낄 줄 모르는 절에／무슨 놈의 대덕 있고／무슨 놈의 법 있겠느뇨／하고 오던 길로 돌아서는데／그때 저 위에서／어린 사미승／헐레벌떡 달음박질쳐 내려오며／씨님 씨님 씨님／아래서부터 올라오시는 길이시니／혹시 배춧잎 하나 떠내려가는 것 못 보셨나이까／하고 숨넘어가며 물었다／암 보고말고／암 그러면 그렇지 하고／그 운수승 발길 다시 돌려／허위단심／조계총림 송광사 삼일암으로 가／방장실 앞에서／소승 문안드립니다／하고 법을 청하였것다／방금 조계산 앞산 뒷산 일대는／비구름에서 굵은 빗방울 후드득 떨어지기 시작하였것다／새들 부산하게 어디로 날아가것다／방장실 문 열렸다／어느새／아까 만난 요염한 사미／바로 그 배춧잎사귀 찾던 사미 나왔다／비 오시고／객승 오시네／객승 오시고／비 오시네(「송광사 사미」 전문, 『만인보』 8, 146면)

구성이나 표현이 그대로 소설이다. 배춧잎이라는 신선한 모티프가 그렇고, 도입과 반전과 결말이 그렇고, '씨님 씨님 씨님'으로 배춧잎보다 더 팔팔 살아 있는 인물이 그렇고, 빗방울 속에 새가 날아가는 산사의 배경묘사가 그렇고, 주제 또한 그렇다. 이런 주제를 어느 소설이 이만큼 극명하게 그려낼 수 있으랴. 더구나 마지막 객승을 맞이하는 소리는 아리송한 선문답으로, 자칫하면 고답적인 시적 교만이 드러나기 쉬운 부분이겠는데, 이런 데서 고은의 무르익은 인간과 선객으로서의 면모가 드러나고 있다.

『만인보』 1 서문에 보면 어린 시절의 기초 환경으로부터 시작해서 편력시대 여러 지역과 사회, 그리고 이 땅의 광막한 역사와 산야에 잠겨 있는 세상의 삶을 그리겠다고 했는데, 지금 나온 9권까지도 아직 어린 시절인 6·25 전후에서 머물고 있다. 정말 만 명을 그려낼 모양이다. 비슷한 시대를 비슷한 환경 속에서 살아온 필자는 『만인보』를 통해서 비슷한 체험과 정서가 아득하고 가물가물하게 떠오르고 되살아난다. 그 시대를 같이 살아온 사람들에게 그 시대를 그려내는 고은의 상상력은 놀라움 바로 그것이다. 고은의 기억력과 상상력은 이미 평판이 나 있으니 더 말할 것이 없지만, 고은의 가장 고은다운 면모는 역시 '이 작업의 계속은 사람에 대한 끝없는 시적 탐구이자 이름없는 역사행위이고자'(위의 서문) 하는 역사에 대한 준엄한 태도이다. 고은의 가장 값진 면모이고 우리 문학의 재산이다.

『백두산』은 하늘하고 맞닿은 백두산 꼭대기 천지에서 흘러내린 우리 민족혼이 해란강을 지나 장강대하로 유장하게 흐르고 있어 이 또한 경이에 값하는 것이고 그 문학적 성취야 굳이 완성을 기다려 평할 것도 없겠지만, 당장 유사한 정서와 정신이 요구되는 작업을 하고 있는 필자의 입장에서 말하면 그런 작업은 그대로 선생이어서 내 책상 옆에는 『만인보』와 『백두산』이 항상 우리말 사전 곁에 그 날치 신문과 나란히 놓여 있다.

그의 기억력이나 상상력은 타고난 것이라 치더라도, 민족정신을 꿰뚫는 역사의식과 인생에 대한 통찰은 그냥 허

투루 형성된 것이 아니다. 그 생애 자체가 끝없는 탐구와 모색과 번민과 모험으로 점철된 한편의 흥미롭고 처절한 장편이며, 그의 문학과 현실적 행위로의 불 같은 실천은 모두가 생애를 건 엄중한 역사행위이고 그런 태도는 그의 기나긴 인생역정을 통해서 탄탄하게 형성된 것이다.

창작과비평사에서 나한테 고은 시집의 발문을 맡긴 것은 문학적 평가가 차돌 같은 그에게 설익은 찬사나 늘어놓으란 것이 아닐 터이다. 이 시집 교정지를 읽어보니 여기서도 인생을 통째로 들었다 놨다 또 어지럽기만 해서 나도 고은의 시를 놓고 혀짧은 소리 할 생각은 없다. 술자리에서도 노래 버릇된 사람한테는 노래를 기대하듯 나한테 기대한 것도 이런 고리삭은 소리가 아닐 터이다.

효봉 스님 수좌시절 수도승 고은, 아니 일초 선승의 일화 한토막. 산에는 녹음이 소리치듯 힘차게 우거지고 진달래·개나리의 흐드러진 환희 속에 짝을 찾는 산새들의 노랫소리가 한껏 요염한 어느 봄날이었다. 이런 화사한 계절을 겨울처럼 거슬러 먹물 옷에 감싸인 일초 수좌는 지리산 쌍계사 골짜기 깊숙한 곳에 토굴을 파고 효봉 스님 곁에 다소곳이 앉아 금식을 하며 참선을 하고 있었다. 몸은 나른하고 배는 고프고 마음은 갈래갈래 찢어져 도마뱀처럼 달아났다. 그래도 용을 써서 천방지축 달아나는 마음을 끌어모아 단단히 붙잡고 있다. 아무리 단단히 붙잡아도 송아지라 고삐를 맬 수도 없는 것이 마음이어서 또 어느새 한 가닥 두 가닥 자루 풀린 게처럼 솔솔 빠져나가고 벼룩처럼 소리없이 튀어나간다. 빠져나가고 튀어나간 놈들은 어느새 도시의 거리를 기웃거리고, 표지만

보아도 눈부시던 책방의 속서를 뒤적이고, 술집에서 술을 마시고 아가씨 손을 잡고 히히덕거린다.

—— 딸각.

소스라치게 놀라 벌서다 해찰부리던 국민학생처럼 몸을 추스른다. 딸각 소리는 효봉 스님이 변소에 가시며 내는 소리였다. 토굴에 방을 놀 때 방뻬를 잘못 놓아 사람이 들락거릴 때마다 문지방 안쪽의 방뻬가 놀았다. 스님이 들어오실 때 또 한번 날 판이다. 좀만에 영락없이 또 딸각 소리가 났다. 일초 수좌는 이 딸각 소리에 미칠 지경이었다. 선객 중의 대선객 효봉 스님이 변솟길이 잦았던 것은 설사 때문이었다. 효봉 스님은 어찌나 맹렬하게 정진을 하셨던지 땀이 찬 방석이 썩어 몇 장이 구멍 났다는 말이 전해 오거니와, 방석이 그 모양이 될 지경이었다면 몸도 온전할 수가 없어 항문의 괄약근이라도 고장이 나셨을 법한데 거기다 설사라면 변소 출입이 유독 빈번했을 것이다.

일초 수좌는 그 사이 도망친 마음을 다시 끌어모아 또 단단히 붙잡고 있었다. 그러나 마음이란 것이 쉽게 붙잡을 수 있는 것이라면 도인이 그렇게 귀하지 않을 터이다. 언제 빠져나갔는지 이 야속한 것이 어느새 또 감쪽같이 빠져나가 아까 그 아가씨 손을 다시 잡고 노닥거리고, 그 사이 사타구니 속의 창창한 20대 젊음은 장작개비가 되어 벌떡거리고, 이번에는 숫제 숨까지 가빠올랐다.

—— 딸각.

기겁을 하며 뱀이라도 털듯 아가씨 손을 털고 자세를 추슬렀다. 얼마나 놀랐던지 장작개비도 찬물 만난 꼴이 되고 말았다. 다시 힘을 모아 마음을 가다듬었다. 그런데 이번에는 뱃속에서 소리가 났다. 며칠 동안 금식을 하고 있었으므로 눈앞에 어른거리는 것은 여자 다음으로는 하얀 사기그릇에 수북한 밥이었다. 방 한쪽 구석에는 사과가 한 상자 놓여 있었다. 사정을 잘 모르는 신도가 가져다 놓은 것이다. 군침을 삼키다 못해 변소에 가신 스님의 동정을 가만히 살폈다. 얼른 사과를 한알 꺼내 부리나케 와삭와삭 우겨댔다. 스님이 오시는 것 같았다. 우물우물 삼킨 다음 가사자락으로 입을 쓱쓱 문지르고 자세를 꼿꼿이 곧추세웠다. 그런데 이번에는 딸각 소리 다음에 엉뚱한 소리가 났다.

"사과 상자에서 사과가 하나 없어졌구나. 쥐새끼가 먹었냐 어느 중생이 먹었냐?"

일초 수좌는 얼굴이 새파래지며 벌떡 일어났다.

"스님, 죽을 죄를 졌습니다. 3천 배 할랍니다. 용서해 주십시오."

옛날 사또 앞에 죄를 비는 가련한 백성 꼴로 발발 떨며 엄한 벌을 자청했다. 3천 배란 부처님 앞에 절을 3천 자리 한다는 소리였다. 3천 배를 한 다음 스님의 용서를 받았다. 큰절 3천 자리를 하려면 며칠쯤 걸리는지 모르지만 하여간 엎드렸다 일어서기 3천 번이라면 허리와 다리가 온전하지 못했을 것이다.

3천 배를 하고 난 일초 수좌는 심기일전, 스승 곁에 조그맣게 쪼그리고 앉았다. 독심을 칼같이 품고 마음을 모았다. 새로 정신이 나고 뭐가 될 것 같았다.

—— 딸각.

모처럼 모았던 마음이 또 산산박살 나버렸다. 다시 모았다. 게처럼 솔래솔래 빠져나가고 벼룩처럼 소리없이 튀어나가는 마음을 기를 쓰고 끌어모았다. 뻐꾸기 소리를 듣고 줄달음치는 마음을 붙잡고, 개개비 소리에 내빼는 마음을 엇부루기 고삐 잡듯 붙잡고 실랑이를 쳤다.

——딸각.

드디어 일판이 벌어지고 말았다. 여태 다소곳이 앉았던 일초 수좌가 자리에서 벌떡 일어섰다. 후닥닥 뛰어나갔다. 눈이 벌개진 일초 수좌는 토굴 팠던 곡괭이를 들고 방으로 뛰어들었다. 방바닥을 사정없이 찍었다. 미친 듯이 방바닥을 파재꼈다. 조그마한 토굴방은 삽시간에 홀랑 뒤집히고 말았다. 변소에 드셨던 스님이 나오셨다.

"스님, 도대체 이것이 뭣하는 짓입니까? 말씀해 보십시오. 이게 뭣하는 짓이냐 말입니다."

곡괭이를 들고 스님을 향해 악을 썼다. 일초 수좌 눈에서는 불이 쏟아지고 있었고 코에서는 증기차 화통 소리가 났다. 효봉 스님은 멍하니 제자를 보고 있었다. 제자는 곡괭이로 땅을 찍으며 이게 뭣하는 짓이냐고 거푸 악을 썼다. 이내 효봉 스님은 낭패한 표정으로 입을 여셨다.

"글쎄, 나도 모르겠다. 그럼 그만 집어치워버릴 거나?"

이 소리에 일초 수좌는 멍청해져버렸다. 살기가 번득이던 눈이 대번에 둥그래졌다. 몽둥이 맞은 사람처럼 눈알을 디룩거리고 서 있었다. 이내 곡괭이를 내던졌다. 스승 앞에 덜퍽 엎어지며 흑흑 처참한 소리로 흐느꼈다.

"스님, 잘못했습니다. 용서해주십시오."

닭의똥 같은 눈물을 한없이 쏟으며 스승 앞에 정신없이 고개를 주억거렸다.

"그러냐? 그럼 다시 시작해볼거나."

스승의 인자한 목소리가 부처님 말씀처럼 자애롭게 울려왔다.

또 한 토막. 이것은 『만인보』와 『백두산』을 쓰고 있는 시인 고은의 최근 일화다. 저 재작년이던가 그 앞 해던가 한길사의 역사기행에 일초하고 필자가 강사로 초청이 되었다. 일찍 강연이 끝나고 수강생들하고 한잔씩 마셨으나 나는 그것으로는 성이 차지 않았다.

"저기 가서 둘이 한잔 어때요?"

내가 넌지시 유혹을 하자 일초는 손사래까지 활활 치며 챗머리 흔드는 할머니 고개로 사정없이 흔들었다. 그 단호한 거부의 몸짓을 보자 이 작자가 근래 어디서 한번 요란스럽게 마셨구나 싶어 웃음이 나왔다. 그러나 타고나지 못한 사람이 아무리 독기를 피워도 살기가 느껴지지 않듯이 그 거부의 몸짓이 전에 없이 단호하기는 했으나 그렇게 완강하게 느껴지지는 않았다.

"에이, 그래도 오랜만인데……"

내가 웃으며 그럴 수가 있느냐는 표정을 짓자 나를 한쪽으로 끌고 갔다.

"이걸 보라구."

목에서 무슨 실을 조심스럽게 벗겨냈다. 바느질실을 목걸이처럼 목에 두르고 있다가 그걸 벗겨낸 것이다. 그 끝에 무슨 종이쪽지가 달려 있었다. 그 종이쪽지를 손끝으로 집고 심각한 표정으로 나한테 내밀었다. 마름모꼴의 종이쪽지는 꼭 목걸이의 장식 같았다. 그 표정이 하도 심각해서 뭔가 들여다봤다. 무슨 글씨가 씌어 있었다. '禁酒'.

"이게 말이야……"

그걸 자기 부인이 만들어서 걸어주었다던가, 자기가 부인 앞에서 만들어 걸었다던가, 그것은 웃음을 참느라고 자세히 듣지 못했다. 표정이 너무 심각해서 나는 터놓고 웃을 수가 없었다. 내가 더 웃음을 참을 수 없었던 것은 전에도 한번 비슷한 일이 있었기 때문이다. 지금 먹고 있는 약이라며 알약을 손이 미어지게 한 움큼 내보이며 여기에 술이라면 사약이란 듯이 팔팔 잡아떼었던 것인데 그 치사량에 가까운 분량의 알약도 몇 시간 뒤 도로아미타불이 되었던 일이 있었던 것이다.

나에게는 그 목걸이를 차고 온 경위가 눈앞에 그린 듯이 훤하게 떠올랐다. 이틀이나 여행을 한다면 그것만으로도 위험한데 하필 술버릇이 소문난 송아무개하고 같이 다닌다니 부인께서 크게 걱정을 하셨던 것 같고, 그래서 절대로 안 마시겠다거니 못 믿겠다거니 내외가 옥신각신하다가 금주의 굳은 맹세를 목걸이로 만들어 목숨을 걸듯 목에 걸었던 것 같았다. 그런 기상천외의 얄망궂은 착상이라면 부인께서 했을 까닭은 없고 본인이 해서 부산스럽게 실을 가져오고 종이에다 글씨를 써서 스스로 목에 걸었기 십상이었다. 하여간 송아무개 같은 악당을 비롯한 수많은 악당들이 진을 치고 있는 위험천만한 적지에 들어가면서 선봉대장 투구 쓰듯 부인 앞에서 목걸이를 걸고 있는 비장한 장면이 눈앞에 선하게 떠올랐다. 나는 웃기는커녕 그 엄숙한 맹세의 실천에 협조를 하기로, 맹세까지는 안했어도 하여간 무사하게 돌아가도록 거들어주자고 단단히 마음을 먹었다.

"알았어. 알았은게, 많이 하지 말고 딱 한잔만, 딱 한잔이야!"

나는 딱 소리를 목탁 치는 된소리로 다짐을 했다. 정말 나도 딱 한잔만 할 생각이었다.

"그래. 나는 딱 한잔만 하고 곁에 그냥 앉아 있어주기만 할게."

우정과 금주의 심각한 갈등이 극적으로 타결되는 순간이었다. 숙소에서 한참 떨어진 데로 갔다. 한잔씩 술을 따랐다. 금주의 절대절명을 어렵사리 비켜낸 딱 한잔의 행복을 앞에 놓고 우리들은 냇가에 내려앉은 종달새처럼 다정하게 건너다보며 병아리 물 마시듯 아끼고 아껴서 홀짝거렸다. 우정이 샘물처럼 솟아오르는 것 같았다. 용솟음친 우정은 딱 한잔이, 또 한잔이 되고 또 한잔이 되었다. 천리길도 한걸음부터 시작되어 딱 한잔의 대장정은 날 새는 줄을 몰랐다. 나중에는 앞가슴을 활활 풀어젖히고 금주의 목걸이를 달랑거리며 주먹으로 술상을 치고 입침을 튀기며 고담준론이 폭포처럼 솟구쳤다. 술집 들보가 들썩거리고 방뻬가 삐걱거렸다.

다음날, 그날 저녁 계획표에 강사와의 대환가 뭔가 하는 일정이 있었던지 우리를 찾아다녔던 한길사 직원들의 표정은 춘분 지난 우거지상이었다. 그러나 우리들 사정은 더 심각했다. 우선 속이 젓 담가놓은 속이어서 달리는 버스 안에서 나몰라라 내내 코만 골았다.

그 한참 뒤 이번에는 내가 꼭 해야 할 일이 있어서 술을 마실 수 없는 형편이었다. 나는 목걸이는 안 차고 갔지만 단단히 결심을 하고 나갔다. 내가 술을 마시지 않을 결의를 보이자 일초는 못내 섭섭한 듯 여럿이 있는 속에서 혼잣소리로 한마디 했다.

"술이란 게 그게 할 수 없는 거야. 적당히 마시며 살수밖에 없어."

나는 못 들은 척 매몰스럽게 시치미를 떼어버렸다. 그 뒤에 일초 쪽에서도 그런 사정이 있어 서로 한번씩 비긴 셈이다. 그 비긴 것으로 우리들은 지금 위험하기 짝이 없는 상태에 놓여 있다. 금주의 실목걸이가 아니라 다이아몬드 목걸이를 쭐레쭐레 걸고 나서도 무사하지 못할 것 같다.

토굴에서 당대 최고의 선승 곁에 숨도 제대로 못 쉬고 발발 기며 다소곳이 참선을 하다가 곡괭이로 방바닥을 파버리고 지리산만한 스승 앞에 대들던, 그 엉뚱한 행위의 이쪽과 저쪽, 금주의 실목걸이를 차는 결심과 그 목걸이를 차고 고주망태가 되어 술상을 치며 고담준론을 토하는, 그 이쪽과 저쪽, 이 극과 극의 머나먼 거리가 고은이라는 인간의 폭일 터이다. 고은의 광활하면서도 촘촘한 문학의 영토는 그런 인간적 고뇌와 인간적 약점을 두루 넘나들면서 땅을 치고 울고 허공을 향해 허허하며 일궈온 터전이리라.

"서사시 『백두산』은 사람을 총체화하는 것인 반면 『만인보』는 민족을 개체의 생명으로부터 귀납하는 수작이라고 해야겠다."(위의 서문)

백두산 저 꼭대기에서 민족을 내려다보며 내려오고, 만인의 삶을 하나하나 촘촘히 더트며 밑에서부터 쳐다보고 올라가는, 두 가지 엄청난 작업을 한꺼번에 하고 있다는 것도 놀랍고 흥미롭거니와, 이 두 가지 작업이 끝나 위와 아래가 만나는 날, 이것은 우리 문학사에 음양이 조화를 부리는 천둥 같은 사건이 되지 않을 수 없을 터이다. 역시 속수무책, 범인은 곁에서 구경이나 할 따름이다.

후 기

이것은 오로지 이 창비시선 101번을 위해서 이루어진 신작 70편이다. 그러므로 어디에도 발표한 적이 없다.

이런 사정으로도 나는 다시 한번 새로 등장한 시인이게끔 하고 있어서 그런 뜻에 호응하고 싶다. 다만 이 70편 끝에 지난해 12월 중앙일보의 청탁에 의해 발표한 「그날이 오늘이라면」을 수록해서 71편이 되었다.

시는 언제나 시의 위기를 내포하고 있는 것. 이와 함께 시는 언제나 그런 시의 위기를 넘어서는 자유의 새로운 매혹 가운데 있는 것.

나는 이 시집을 특별히 1990년대나 세기말 따위의 의식에 발맞추지 않았다. 의식과 무의식의 차별이란 워낙 조마조마한 노릇인 줄 이제 와서 왜 모르겠는가. 그냥 썼다.

시집 원고를 너무 늦게 넘겨 창비 편집부에 미안하다.

지난 2월 서부호주의 인도양 기슭에 가서 그곳의 친구로부터 1886년판의 로버트 브라우닝 시집과 그의 눈부신 부인 엘리자벳 B. 브라우닝의 시집을 선물로 받았다. 과연 희귀본이었다. 엘리자벳 B. 브라우닝의 시 「시인과 새」가 인상적이었다. 다음과 같은 내용이다.

사람들이 시인을 꺼져버려라 했다. 그들에게는 나이팅게일의 울음소리가 시보다 훨씬 좋았기 때문이다.

그런데 시인이 죽자 나이팅게일도 죽었다. 시인과 나이팅게일은 하나였던가. 하지만 새소리는 남아 있지 않으나 시는 남아 있다.

1992년 봄
고 은

창비시선 101
내일의 노래

초판 1쇄 발행/1992년 4월 25일
초판 16쇄 발행/2014년 2월 15일

지은이/고은
펴낸이/강일우
펴낸곳/(주)창비
등록/1986년 8월 5일 제85호
주소/413-120 경기도 파주시 회동길 184
전화/031-955-3333
팩시밀리/영업 031-955-3399 · 편집 031-955-3400
홈페이지/www.changbi.com
전자우편/lit@changbi.com

ISBN 978-89-364-2101-4 03810